베껴 쓰는 워크북 시리즈

초등 저학년 베껴 쓰기가 답이다!

베껴라 베껴!
받아쓰기왕 4

퍼플카우콘텐츠팀 글 · 이우일 그림

퍼플카우 Purple Cow

머리말

"즐겁게 베껴 쓰는 어린이가 받아쓰기왕!"

어린이 여러분! 반가워요. 제 이름은 서보라입니다. 이 책에 선생님으로 등장하고 있어요. 저자들을 대신하여 머리말을 통해 여러분과 인사를 나눠요.

받아쓰기 실력은 한글맞춤법 실력입니다.

도대체 받아쓰기는 무엇일까요? 학교에서는 왜 받아쓰기를 시키는 걸까요? 받아쓰기는 초등학생들을 괴롭히려는 선생님들의 심술일까요? 그럴 리가요. 받아쓰기는 글쓰기를 잘하게 만들기 위한 과정입니다. 한글맞춤법 실력을 키우는 첫걸음이 바로 받아쓰기입니다.

완벽한 받아쓰기는 사실 어른도 쉽지 않습니다.

소리 나는 대로 쓰되 어법(한글맞춤법)에 맞게 써야 하는 받아쓰기는 결코 쉽지 않습니다. 부모님을 비롯한 대부분의 어른들에게도 표기법과 띄어쓰는 법까지 받아쓰기를 완벽하게 하기란 어려운 일입니다. 받아쓰기를 만만하게 생각하거나 얕잡아 봐서는 안 되는 이유이죠.

받아쓰기, 어렵게 공부하지 마세요.

잘 받아쓰는 것이 어려운 일이라고 해서 받아쓰기 공부도 어렵게 해야 할까요? 천만에 말씀입니다. 억지로 공부하려고 하면 점점 더 잘하기 어려워집니다. 받아쓰기는 결국 글쓰기 공부입니다. 평소에 쓰는 우리말이잖아요. 즐겁게 공부해야 더 잘하게 됩니다.

베껴 쓰기는 요령이 아니라 원리를 심어줍니다.

글쓰기 공부는 베껴 쓰기가 최고입니다. 머릿속으로 생각만 하면 저절로 되는 공부가 아닙니다. 자기 눈으로 베껴 쓸 글을 정확히 읽고, 손으로 직접 베껴 쓴 후, 잘 썼는지 스스로 확인해야 베껴 쓰기가 완성됩니다. 그러면 원리가 자연스럽게 스며들지요.

받아쓰기 시험, 걱정하지 마세요.

학교에서 보는 받아쓰기 시험은 미리 나눠준 자료를 가지고 실시합니다. 대부분의 어린이는 시험 전에 미리 외워 가지요. 배우지 않은 글로 받아쓰기 시험을 보는 것이 아니라면 전혀 걱정할 필요가 없습니다. 시험보다 더 문제는 우리말 글쓰기 실력입니다.

받아쓰기 100점은 목표가 아니라 결과입니다.

《베껴라 베껴! 받아쓰기왕》(전4권)과 함께라면 받아쓰기는 문제없어요. 이 책을 통해 즐겁게 베껴 쓰면서 꼭 필요한 글쓰기 기본 원리를 자연스럽게 자기 것으로 만들면 되기 때문입니다. 받아쓰기 시험 100점은 베껴 쓰기의 목표가 아니라 당연한 결과랍니다.

저자들을 대신하여, 서보라 선생님이 씀.

20단계 프로그램으로 받아쓰기 원리가 쏙쏙!

이 책은 초등학교 1, 2학년이 반드시 익혀야 할 낱말을 받아쓰기 원리에 따라 20단계로 나누었습니다. 학년에 관계 없이 1권부터 공부할 수 있으며 받침이 없는 쉬운 글자부터 표기와 발음이 달라 어려워지는 글자까지 차근차근 난이도를 높여가며 총 4권으로 구성하였습니다.

1권

1단계	자음과 모음	자음과 모음의 발음자를 익혀요.
2단계	받침이 없는 쉬운 글자	쉬운 자음과 모음이 합쳐진 글자를 배워요.
3단계	받침이 없는 어려운 글자	어려운 모음 'ㅟ, ㅚ, ㅞ' 등을 구별해요.
4단계	받침이 있는 쉬운 글자	쉬운 받침이 있는 글자를 배워요.
5단계	받침이 있는 어려운 글자	받침과 어려운 모음이 있는 글자를 배워요.

2권

6단계	같은 자음이 겹치는 겹글자	같은 자음이 겹쳐서 이루어진 글자를 배워요.
7단계	받침이 뒤로 넘어가는 글자	앞의 받침이 뒤에 오는 글자의 첫소리로 넘어가요.
8단계	된소리가 나는 글자	앞의 받침 때문에 뒷글자에서 된소리가 나요.
9단계	소리나 모양을 흉내 낸 글자	소리나 모양을 흉내 낸 글자를 익혀요.
10단계	틀리기 쉬운 글자	'이'와 '히' 틀리기 쉬운 글자를 익혀요.

3권

11단계	구개음으로 바뀌는 글자	앞의 받침 때문에 구개음으로 바뀌어요.
12단계	거센소리가 나는 글자	앞의 받침 때문에 뒷글자에서 거센소리가 나요.
13단계	받침의 표기와 소리가 다른 글자	받침을 적을 때와 발음할 때가 달라요.
14단계	자음의 발음이 닮아가는 글자	앞 글자의 받침과 뒷글자의 첫소리가 서로 닮아가요.
15단계	발음이 같아서 헷갈리는 글자	발음은 같은데 쓰는 법은 다른 글자를 익혀요.

4권

16단계	사이시옷을 붙이는 글자 1	사이시옷을 붙이는 글자를 익혀요.
17단계	사이시옷을 붙이는 글자 2	사이시옷을 붙이는 글자를 익혀요.
18단계	자음이 첨가되는 글자	음이 첨가되어 소리가 바뀌는 글자를 배워요.
19단계	받침이 두 개인 어려운 글자	받침 두 개가 겹치는 글자를 배워요.
20단계	예사말과 높임말	밥과 진지가 어떻게 다른지 알아 봐요.

학습 효과가 뛰어난 단계별 평가와 교과서 속 받아쓰기 문장 수록

낱말 쓰기

같은 원리를 가진 낱말끼리 모아 여러 번 읽고 베껴 쓰다 보면 자연스럽게 그 원리도 깨치게 될 겁니다. 그림을 통해 의미를 파악할 수 있으며, 아직 글씨 쓰기에 익숙하지 않은 아이가 혼자서 또박또박 글씨 쓰는 연습을 할 수 있습니다.

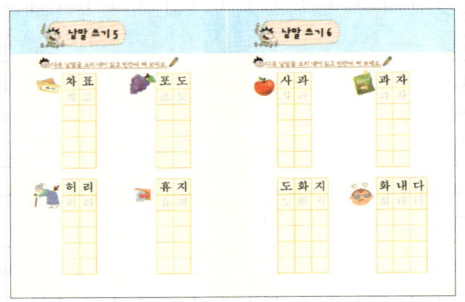

어구와 문장 쓰기

각 단계에서 배운 낱말들을 어구 또는 문장으로 만들어 베껴 쓰기 연습을 할 수 있습니다. 두 개 이상의 낱말을 비교하면서 차이를 확인할 수 있고 띄어쓰기도 자연스럽게 익히도록 구성하였습니다.

단계별 평가

각 단계마다 4페이지씩 '평가'를 수록하였습니다. 앞에서 배운 낱말의 의미와 맞춤법을 제대로 익혔는지 확인할 수 있습니다. 잘못 쓴 글자를 보면서 고치는 문제를 수록하여 각 단계가 끝날 때마다 배운 내용을 확실히 복습할 수 있게 도와줍니다.

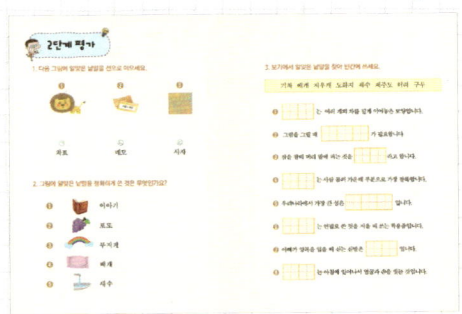

국어 교과서 따라잡기

2013년 개정 교과서에 나오는 출제 빈도가 높은 문장을 중심으로 받아쓰기 문제를 수록하였습니다. 부모님이 직접 문제를 불러주세요. 초등학교 입학 전에는 예습용으로 사용하고, 입학 후에는 아이가 국어 교과서의 낱말과 문장을 잘 받아쓸 수 있는지 확인할 수 있습니다.

차례

머리말 – 2
이 책의 구성 – 4
소리의 변화 5 – 사이시옷 – 8
소리의 변화 6 – 자음첨가 – 10

16단계 사이시옷을 붙이는 글자 1

낱말 쓰기 1 – 14
낱말 쓰기 2 – 15
낱말 쓰기 3 – 16
낱말 쓰기 4 – 17
어구와 문장 쓰기 1 – 18
어구와 문장 쓰기 2 – 19
어구와 문장 쓰기 3 – 20
어구와 문장 쓰기 4 – 21

16단계 평가 – 22

17단계 사이시옷을 붙이는 글자 2

낱말 쓰기 1 – 28
낱말 쓰기 2 – 29
낱말 쓰기 3 – 30
낱말 쓰기 4 – 31
낱말 쓰기 5 – 32
낱말 쓰기 6 – 33
어구와 문장 쓰기 1 – 34
어구와 문장 쓰기 2 – 35
어구와 문장 쓰기 3 – 36
어구와 문장 쓰기 4 – 37

17단계 평가 – 38

18단계 자음이 첨가되는 글자

낱말 쓰기 1 - 44
낱말 쓰기 2 - 45
낱말 쓰기 3 - 46
낱말 쓰기 4 - 47
낱말 쓰기 5 - 48
낱말 쓰기 6 - 49
어구와 문장 쓰기 1 - 50
어구와 문장 쓰기 2 - 51
어구와 문장 쓰기 3 - 52
어구와 문장 쓰기 4 - 53
어구와 문장 쓰기 5 - 54
어구와 문장 쓰기 6 - 55

18단계 평가 - 56

19단계 받침이 두 개인 어려운 글자

낱말 쓰기 1 - 62
낱말 쓰기 2 - 63
낱말 쓰기 3 - 64
낱말 쓰기 4 - 65
낱말 쓰기 5 - 66
낱말 쓰기 6 - 67
어구와 문장 쓰기 1 - 68
어구와 문장 쓰기 2 - 69
어구와 문장 쓰기 3 - 70
어구와 문장 쓰기 4 - 71

19단계 평가 - 72

국어 교과서 따라잡기 - 91
2학년 2학기 받아쓰기 문제 - 101
16~20단계 평가 정답 - 104

20단계 예사말과 높임말

낱말 쓰기 1 - 78
낱말 쓰기 2 - 79
낱말 쓰기 3 - 80
낱말 쓰기 4 - 81
어구와 문장 쓰기 1 - 82
어구와 문장 쓰기 2 - 83
어구와 문장 쓰기 3 - 84
어구와 문장 쓰기 4 - 85

20단계 평가 - 86

# 소리의 변화 5 – 사이시옷

우리말에는 글자와 글자를 합하여 한 단어를 만들 때 발음을 위해 사이시옷(ㅅ)을 붙일 때가 있습니다.
- 앞 글자가 모음+뒷글자의 첫소리가 된소리로 발음될 때
- 뒷글자의 첫소리가 'ㄴ, ㅁ'일 때 앞 글자에 'ㄴ'을 덧붙여 발음할 때
- 앞 글자의 받침으로 'ㄴ', 뒷글자의 첫소리로 'ㄴ'을 덧붙여 발음할 때

 뱃길 [밷낄]

'배'와 '길'을 합하면 뒷글자의 첫소리 'ㄱ'이 된소리 'ㄲ'이 돼요.

 콧등 [콛뜽]

'코'와 '등'을 합하면 뒷글자의 첫소리 'ㄷ'이 된소리 'ㄸ'이 돼요.

 깃발 [긷빨]

'기'와 '발'을 합하면 뒷글자의 첫소리 'ㅂ'이 된소리 'ㅃ'이 돼요.

 옛날 [옌날]

'예'와 '날'을 합하면 앞 글자에 'ㄴ' 소리가 덧나요.

 빗물 [빈물]

'비'와 '물'을 합하면 앞 글자에 'ㄴ' 소리가 덧나요.

 수돗물 [수돈물]

'수도'와 '물'을 합하면 앞 글자에 'ㄴ' 소리가 덧나요.

 깻잎 [깬닙]

'깨'와 '잎'을 합하면 앞말과 뒷말에 'ㄴ' 소리를 두 번 붙여요.

 숫양 [순냥]

'수'와 '양'을 합하면 앞말과 뒷말에 'ㄴ' 소리를 두 번 붙여요.

 윗입술 [윈닙술]

'위'와 '입술'을 합하면 앞말과 뒷말에 'ㄴ' 소리를 두 번 붙여요.

소리의 변화 6 – 자음첨가

두 개의 낱말이 만나 하나의 낱말을 이룰 때 원꼴과는 관계없는 음이 첨가되어 소리가 바뀌는 자음첨가 현상이 나타날 때가 있습니다.

- 두 낱말 사이에 'ㄴ' 소리가 첨가되는 경우
- 두 낱말 사이에 'ㄹ' 소리가 첨가되는 경우

담요   [담뇨]

받침이 있는 앞 글자 + 뒷글자에 'ㄴ' 소리를 넣어서 발음해요.

눈약   [눈냑]

받침이 있는 앞 글자 + 뒷글자에 'ㄴ' 소리를 넣어서 발음해요.

내복약 [내복냑]

받침이 있는 앞 글자 + 뒷글자에 'ㄴ' 소리를 넣어서 발음해요.

콩엿   [콩녇]

받침이 있는 앞 글자 + 뒷글자에 'ㄴ' 소리를 넣어서 발음해요.

 **한여름** [한녀름]

받침이 있는 앞 글자 + 뒷글자에 'ㄴ' 소리를 넣어서 발음해요.

 **서울역** [서울력]

'ㄹ' 받침이 있는 앞 글자 + 뒷글자에 'ㄹ' 소리를 넣어서 발음해요.

 **솔잎** [솔립]

'ㄹ' 받침이 있는 앞 글자 + 뒷글자에 'ㄹ' 소리를 넣어서 발음해요.

 **돌이끼** [돌리끼]

'ㄹ' 받침이 있는 앞 글자 + 뒷글자에 'ㄹ' 소리를 넣어서 발음해요.

 **볼일** [볼릴]

'ㄹ' 받침이 있는 앞 글자 + 뒷글자에 'ㄹ' 소리를 넣어서 발음해요.

16단계 사이시옷을 붙이는 글자 1

'촛불'과 '뒷산'의 공통점은 무엇일까요?
'촛불=초+불', '뒷산=뒤+산'이 만나 한 낱말이 되었지요.
이렇게 될 때 낱말 사이에 '시옷(ㅅ)'이 들어가는 경우가 있어요.
여기서는 낱말 사이에 시옷이 들어갈 때 뒷말 첫소리가
된소리로 나는 낱말들을 알아볼게요.

낱말 쓰기 1

 다음 낱말을 소리 내어 읽고 빈칸에 써 보세요.

깃	발
깃	발

칫	솔
칫	솔

숫	자
숫	자

촛	불
촛	불

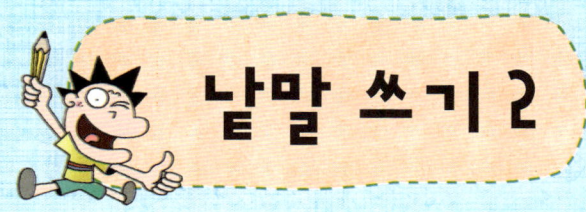

낱말 쓰기 2

 다음 낱말을 소리 내어 읽고 빈칸에 써 보세요.

찻	잔
찻	잔

뱃	길
뱃	길

콧	등
콧	등

뒷	산
뒷	산

낱말 쓰기 3

 다음 낱말을 소리 내어 읽고 빈칸에 써 보세요.

바	닷	가
바	닷	가

외	갓	집
외	갓	집

장	밋	빛
장	밋	빛

나	뭇	가	지
나	뭇	가	지

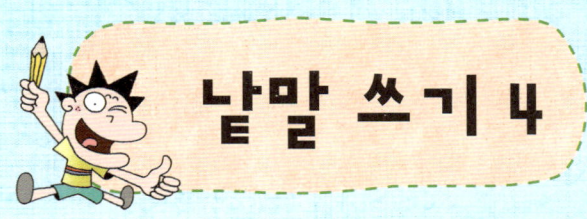

낱말 쓰기 4

 다음 낱말을 소리 내어 읽고 빈칸에 써 보세요.

기	찿	길
기	찿	길

어	젯	밤
어	젯	밤

전	봇	대
전	봇	대

뒷	주	머	니
뒷	주	머	니

어구와 문장 쓰기 1

 다음 글을 소리 내어 읽고 빈칸에 써 보세요.

깃	발	이		펄	럭	이	다	.
깃	발	이		펄	럭	이	다	.

샛	길	로		빠	지	다	.
샛	길	로		빠	지	다	.

촛	불	을		켜	다	.
촛	불	을		켜	다	.

어구와 문장 쓰기 2

 다음 글을 소리 내어 읽고 빈칸에 써 보세요.

탁	자		위	의		찻	잔
탁	자		위	의		찻	잔

이	마	와		콧	등
이	마	와		콧	등

냇	가	에	서		빨	래	를		한	다	.
냇	가	에	서		빨	래	를		한	다	.

어구와 문장 쓰기 3

 다음 글을 소리 내어 읽고 빈칸에 써 보세요.

장	밋	빛		인	생
장	밋	빛		인	생

부	잣	집	에	서		태	어	나	다	.
부	잣	집	에	서		태	어	나	다	.

전	봇	대	처	럼		키	가		크	다	.
전	봇	대	처	럼		키	가		크	다	.

어구와 문장 쓰기 4

 다음 글을 소리 내어 읽고 빈칸에 써 보세요.

| 나 | 뭇 | 가 | 지 | 가 | | 부 | 러 | 지 | 다 | . |

| 기 | 찻 | 길 | | 옆 | | 오 | 막 | 살 | 이 |

| 빗 | 방 | 울 | 이 | | 떨 | 어 | 지 | 다 | . |

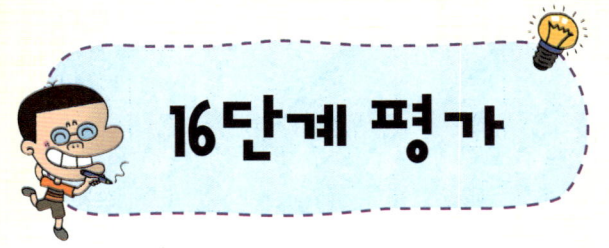

16단계 평가

1. 다음 그림에 알맞은 낱말을 선으로 이으세요.

①   ②   ③

㉠ 숫자   ㉡ 바닷가   ㉢ 찻잔

2. 다음 그림에 알맞은 낱말에 ○표를 하시오.

① 아침마다 (뒷산 / 뒤산)에 올라 운동을 해요.

② 방학 동안 시골 (외가집 / 외갓집)에 놀러갈 거예요.

③ (나뭇가지 / 나무가지) 위에 새 한 마리가 있어요.

3. 보기에서 알맞은 낱말을 찾아 빈칸에 쓰세요.

[보기] 깃발 찻잔 바닷가 기찻길 뒷주머니 외갓집 뱃길 촛불

❶ 깃대에 달린 천이나 종이로 된 부분을 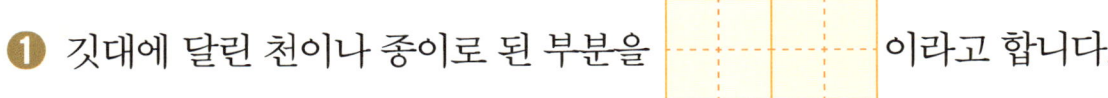 이라고 합니다.

❷  는 바닷물과 땅이 서로 닿은 곳입니다.

❸ 차를 따라 마시는 잔은  입니다.

❹ 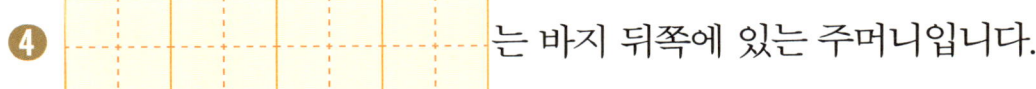 는 바지 뒤쪽에 있는 주머니입니다.

❺ 기차가 다니는 길을  이라고 합니다

❻ 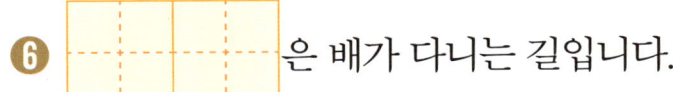 은 배가 다니는 길입니다.

❼ 엄마의 어머니의 집을  이라고 합니다.

❽ 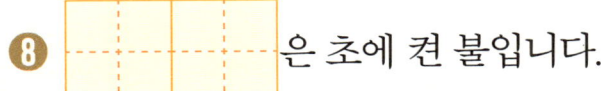 은 초에 켠 불입니다.

4. 문제를 읽고 알맞은 낱말을 찾아 빈칸에 바르게 옮겨 쓰세요.

❶ 수를 나타내는 글자는 무엇인가요?
　① 숫자　　　② 수자

❷ 이를 닦는 데 쓰는 솔은 무엇인가요?
　① 치솔　　　② 칫솔

❸ 집의 뒤쪽에 있는 산은 무엇인가요?
　① 뒷산　　　② 뒤산

❹ 장미와 같은 빛깔은 무엇인가요?
　① 장밋빛　　② 장미빛

❺ 재물이 많아 살림이 넉넉한 집을 무엇이라고 할까요?
　① 부자집　　② 부잣집

❻ 비가 되어 떨어지는 물방울은 무엇인가요?
　① 빗방울　　② 비방울

❼ 전선을 떠받치고 있는 기둥은 무엇인가요?
　① 전봇대　　② 전보대

❽ 바로 앞날의 밤은 무엇인가요?
　① 어제밤　　② 어젯밤

5. 왼쪽 ☐ 안의 틀린 글자를 찾아, 오른쪽 빈칸에 바르게 쓰세요.

틀린 글자 찾기   **바르게 고쳐 쓰기**

❶ 기 발 이 바람에 날리다.   ☐☐ 이 바람에 날리다.

❷ 파도가 밀려오는 바 다 가   파도가 밀려오는 ☐☐

❸ 코 등 에 땀방울이 송송   ☐☐ 에 땀방울이 송송

❹ 장 미 빛 인생   ☐☐☐ 인생

❺ 부러진 나 무 가 지   부러진 ☐☐☐☐

❻ 초 불 을 켜다.   ☐☐ 을 켜다.

❼ 탁자 위의 차 잔   탁자 위의 ☐☐

❽ 전 보 대 처럼 키가 크다   ☐☐☐ 처럼 키가 크다

17단계 사이시옷을 붙이는 글자 2

'비+물'이 만나 '빗물', '나무+잎'이 만나 '나뭇잎'이 되었어요.
16단계와 같이 낱말 사이에 '시옷(ㅅ)'이 들어가지요.
그런데 빗물은 시옷 받침이 'ㄴ'으로 발음이 되고
나뭇잎은 앞 글자 받침과 뒷글자의 첫소리가 'ㄴ'으로 발음이 돼요.
사이시옷 어렵지만 한 번 더 공부해봐요.

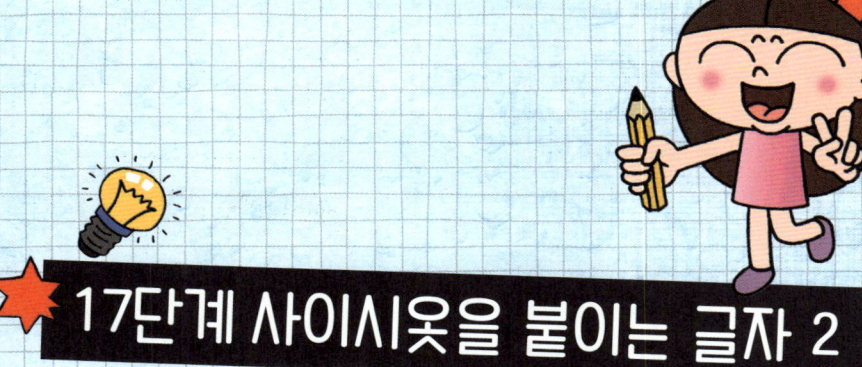

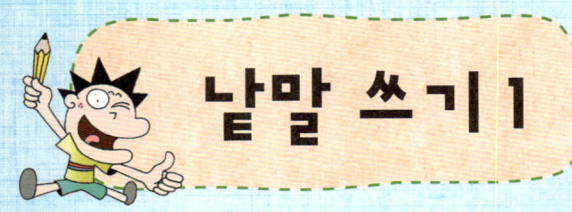

낱말 쓰기 1

다음 낱말을 소리 내어 읽고 빈칸에 써 보세요.

빗	물
빗	물

콧	물
콧	물

윗	니
윗	니

아	랫	니
아	랫	니

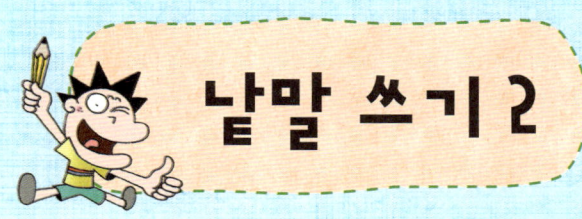

낱말 쓰기 2

 다음 낱말을 소리 내어 읽고 빈칸에 써 보세요.

 냇물

 옛날

 뱃놀이

 수돗물

낱말 쓰기 3

 다음 낱말을 소리 내어 읽고 빈칸에 써 보세요.

 뒷머리

 뒷마당

 세숫물

 콧노래

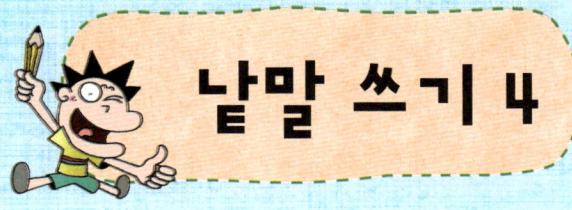

낱말 쓰기 4

 다음 낱말을 소리 내어 읽고 빈칸에 써 보세요.

깻	잎
깻	잎

나	뭇	잎
나	뭇	잎

고	춧	잎
고	춧	잎

배	춧	잎
배	춧	잎

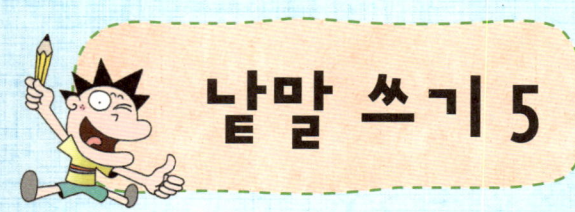

낱말 쓰기 5

 다음 낱말을 소리 내어 읽고 빈칸에 써 보세요.

숫	양
숫	양

뱃	일
뱃	일

윗	입	술
윗	입	술

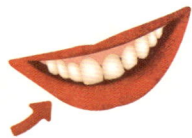

아	랫	입	술
아	랫	입	술

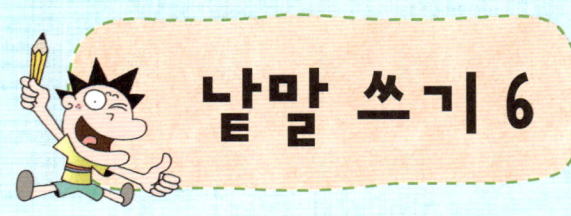

낱말 쓰기 6

다음 낱말을 소리 내어 읽고 빈칸에 써 보세요.

베	갯	잇
베	갯	잇

댓	잎
댓	잎

윗	잇	몸
윗	잇	몸

아	랫	잇	몸
아	랫	잇	몸

어구와 문장 쓰기 1

 다음 글을 소리 내어 읽고 빈칸에 써 보세요.

빗	물	이		쪼	르	륵
빗	물	이		쪼	르	륵

오	똑	한		콧	날	
오	똑	한		콧	날	

아	주		먼		옛	날
아	주		먼		옛	날

어구와 문장 쓰기 2

 다음 글을 소리 내어 읽고 빈칸에 써 보세요.

혼	잣	말	을		하	다	.
혼	잣	말	을		하	다	.

뒷	머	리	를		짧	게		잘	라
뒷	머	리	를		짧	게		잘	라

콧	노	래	를		부	르	며
콧	노	래	를		부	르	며

어구와 문장 쓰기 3

 다음 글을 소리 내어 읽고 빈칸에 써 보세요.

뒷	일	을		부	탁	해	.
뒷	일	을		부	탁	해	.

싱	싱	한		배	춧	잎
싱	싱	한		배	춧	잎

아	랫	입	술	을		깨	물	었	다	.
아	랫	입	술	을		깨	물	었	다	.

어구와 문장 쓰기 4

 다음 글을 소리 내어 읽고 빈칸에 써 보세요.

베	갯	잇	을		갈	다	.
베	갯	잇	을		갈	다	.

옛	일	이		생	각	났	다	.
옛	일	이		생	각	났	다	.

윗	잇	몸	이		아	프	다	.
윗	잇	몸	이		아	프	다	.

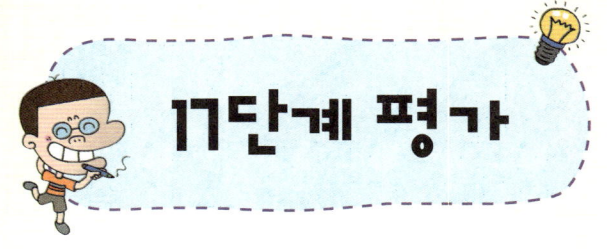

17단계 평가

1. 다음 그림에 알맞은 낱말을 선으로 이으세요.

❶ ❷ ❸

ㄱ   ㄴ   ㄷ
나뭇잎   윗입술   빗물

2. 다음 그림에 알맞은 낱말에 ○표를 하시오.

❶ (아랫니 / 아래니)에 충치가 생겼다.

❷ 미장원에서 (뒤머리 / 뒷머리)를 잘랐어요.

❸ (베개잇 / 베갯잇)에 수를 놓다.

3. 보기에서 알맞은 낱말을 찾아 빈칸에 쓰세요.

[보기] 뒷머리 빗물 숫양 콧노래 배춧잎 나뭇잎 뱃일 옛일

❶ [빗물] 은 비가 와서 고이거나 모인 물입니다.

❷ 양의 숫컷을 [숫양] 이라고 합니다.

❸ [뒷머리] 는 머리의 뒤쪽에 난 머리털입니다.

❹ 배추와 잎을 결합하여 [배춧잎] 이라고 씁니다.

❺ [콧노래] 는 입을 다문 채 코로 소리를 내어 부르는 노래입니다.

❻ 배에서 하는 일을 [뱃일] 이라고 합니다.

❼ [나뭇잎] 은 나무의 잎입니다.

❽ 지나간 과거의 일을 [옛일] 이라고 합니다.

4. 문제를 읽고 알맞은 낱말을 찾아 빈칸에 바르게 옮겨 쓰세요.

❶ 윗잇몸에 난 이는 무엇인가요?
　① 위니　　② 윗니

❷ 깨의 잎은 무엇인가요?
　① 깻잎　　② 깨잎

❸ 콧구멍에서 흘러나오는 물은 무엇인가요?
　① 콧물　　② 코물

❹ 내에 흐르는 물은 무엇인가요?
　① 내물　　② 냇물

❺ 세수하는 데 쓰는 물은 무엇인가요?
　① 세수물　　② 세숫물

❻ 고추의 잎은 무엇인가요?
　① 고춧잎　　② 고추잎

❼ 집채 뒤의 마당이나 뜰은 무엇인가요?
　① 뒷마당　　② 뒤마당

❽ 아래쪽 잇몸은 무엇인가요?
　① 아래잇몸　　② 아랫잇몸

5. 왼쪽 ☐ 안의 틀린 글자를 찾아, 오른쪽 빈칸에 바르게 쓰세요.

틀린 글자 찾기 | **바르게 고쳐 쓰기**

❶ 오똑한 코 날 | 오똑한 ☐☐

❷ 코 노 래 를 부르며 | ☐☐☐를 부르며

❸ 아주 먼 옌 날 | 아주 먼 ☐☐

❹ 세 수 물 이 담겨 있다. | ☐☐☐이 담겨 있다.

❺ 싱싱한 배 추 잎 | 싱싱한 ☐☐☐

❻ 위 입 술 을 깨무는 버릇. | ☐☐☐을 깨무는 버릇.

❼ 아래 입 술 을 깨물었다. | ☐☐☐☐을 깨물었다.

❽ 뒤 마 당 에서 혼 자 말 을 | ☐☐☐에서 ☐☐☐을

18단계 자음이 첨가되는 글자

담요는 [담뇨], 눈약은 [눈냑]으로 읽어요.
앞 글자에 받침이 있고, 뒷글자의 첫소리가
'이, 야, 여, 요, 유'인 경우 'ㄴ' 소리를 넣어서 발음해요.
소리나는 대로 쓰면 안 되는 글자들이니 주의해야 해요.

낱말 쓰기 1

 다음 낱말을 소리 내어 읽고 빈칸에 써 보세요.

담	요
담	요

눈	약
눈	약

꽃	잎
꽃	잎

솜	이	불
솜	이	불

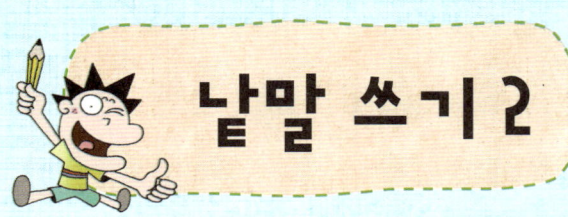

낱말 쓰기 2

 다음 낱말을 소리 내어 읽고 빈칸에 써 보세요.

내	복	약
내	복	약

콩	엿
콩	엿

색	연	필
색	연	필

식	용	유
식	용	유

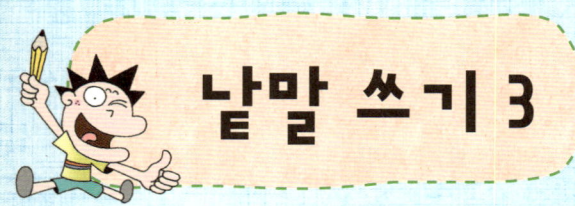

낱말 쓰기 3

 다음 낱말을 소리 내어 읽고 빈칸에 써 보세요.

떡	잎
떡	잎

단	풍	잎
단	풍	잎

한	여	름
한	여	름

태	평	양
태	평	양

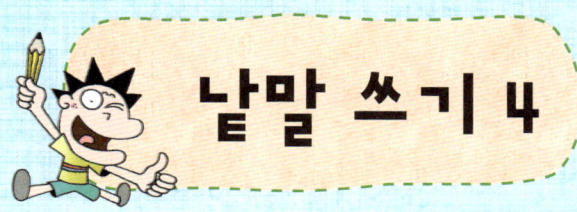

낱말 쓰기 4

 다음 낱말을 소리 내어 읽고 빈칸에 써 보세요.

 알약

 물엿

 서울역

 휘발유

낱말 쓰기 5

 다음 낱말을 소리 내어 읽고 빈칸에 써 보세요.

 솔잎

 올여름

 돌이끼

 일일이

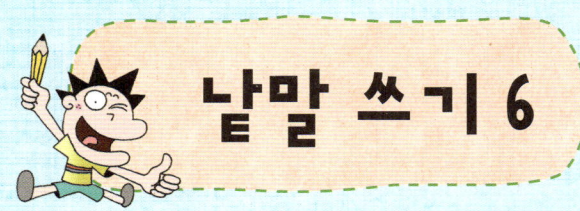

낱말 쓰기 6

 다음 낱말을 소리 내어 읽고 빈칸에 써 보세요.

볼	일
볼	일

열	여	섯
열	여	섯

더	운		여	름
더	운		여	름

어구와 문장 쓰기 1

 다음 글을 소리 내어 읽고 빈칸에 써 보세요.

담	요	를		덮	다	.
담	요	를		덮	다	.

나	도		한	입	만		줘	.
나	도		한	입	만		줘	.

진	달	래		꽃	잎
진	달	래		꽃	잎

어구와 문장 쓰기 2

 다음 글을 소리 내어 읽고 빈칸에 써 보세요.

감	잎	으	로		만	든		차
감	잎	으	로		만	든		차

빨	간	색		색	연	필
빨	간	색		색	연	필

식	용	유	를		두	르	다	.
식	용	유	를		두	르	다	.

어구와 문장 쓰기 3

 다음 글을 소리 내어 읽고 빈칸에 써 보세요.

집	안	일	을		하	다	.
집	안	일	을		하	다	.

화	려	하	게		물	든		단	풍	잎
화	려	하	게		물	든		단	풍	잎

한	여	름		더	위	에		지	쳐
한	여	름		더	위	에		지	쳐

어구와 문장 쓰기 4

 다음 글을 소리 내어 읽고 빈칸에 써 보세요.

가	랑	잎	이		솔	잎	더	러
가	랑	잎	이		솔	잎	더	러

물	엿	을		굳	히	다	.
물	엿	을		굳	히	다	.

전	철	역	과		가	까	운
전	철	역	과		가	까	운

어구와 문장 쓰기 5

 다음 글을 소리 내어 읽고 빈칸에 써 보세요.

일	일	이		손	으	로
일	일	이		손	으	로

올	여	름	에		유	행	할		옷
올	여	름	에		유	행	할		옷

바	위	에		붙	은		돌	이	끼
바	위	에		붙	은		돌	이	끼

어구와 문장 쓰기 6

 다음 글을 소리 내어 읽고 빈칸에 써 보세요.

무	더	운		여	름
무	더	운		여	름

나	는		열	여	섯		살	이	다	.
나	는		열	여	섯		살	이	다	.

예	쁜	여	자	를		봤	어	요	.
예	쁜	여	자	를		봤	어	요	.

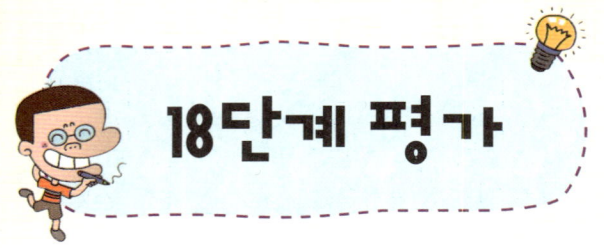

18단계 평가

1. 다음 그림에 알맞은 낱말을 선으로 이으세요.

①   ②   ③

㉠ 담요   ㉡ 물엿   ㉢ 떡잎

2. 다음 그림에 알맞은 낱말에 ○표를 하시오.

❶ 빨간색 (색년필 / 색연필)로 동그라미를 그려요.

❷ 먼저 팬에 (식용유 / 식용뉴)를 두른다.

❸ 약통에서 (알약 / 알략) 세 개를 꺼냈다.

3. 보기에서 알맞은 낱말을 찾아 빈칸에 쓰세요.

[보기] 내복약 올여름 콩엿 돌이끼 알약 꽃잎 휘발유 담요

❶ 먹어서 병을 치료하도록 제조한 약을 ☐☐☐ 이라고 합니다.

❷ ☐☐ 은 볶은 콩을 섞어 만든 엿입니다.

❸ 올해의 여름은 ☐☐☐ 입니다.

❹ 봉숭아 ☐☐ 을 곱게 빻아 손톱에 올려 놓았다.

❺ 돌이나 바위에 난 이끼를 ☐☐☐ 라고 합니다

❻ ☐☐ 은 약을 뭉쳐서 작고 둥글게 만든 것입니다.

❼ 털 같은 것으로 두껍게 만든 요를 ☐☐ 라고 합니다.

❽ ☐☐☐ 는 자동차나 비행기의 연료로 쓰입니다.

4. 문제를 읽고 알맞은 낱말을 찾아 빈칸에 바르게 옮겨 쓰세요.

❶ 눈병을 치료하는 데 쓰는 약은 무엇인가요?
　① 눈약　　　② 눈냑

❷ 소나무의 잎은 무엇인가요?
　① 솔잎　　　② 솔닢

❸ 아주 묽게 곤 엿은 무엇인가요?
　① 물녓　　　② 물엿

❹ 보통 때와 다른 특별한 일은 무엇인가요?
　① 별릴　　　② 별일

❺ "될성부른 나무는 ○○부터 알아본다."에 알맞은 말은 무엇인가요?
　① 떡잎　　　② 떡닢

❻ 여름 중에 한참 더운 시기는 무엇인가요?
　① 한녀름　　② 한여름

❼ 열다섯에 하나를 더한 수는 무엇인가요?
　① 열녀섯　　② 열여섯

❽ 솜을 안에 넣어서 두툼하게 만든 이불은 무엇인가요?
　① 솜이불　　② 솜니불

5. 왼쪽 ☐ 안의 틀린 글자를 찾아, 오른쪽 빈칸에 바르게 쓰세요.

틀린 글자 찾기　　　　　　　　바르게 고쳐 쓰기

❶ 나도 한 닙 만 줘.　　　　　　나도 ☐☐ 만 줘.

❷ 식 용 뉴 를 두른 팬에　　　　☐☐☐ 를 두른 팬에

❸ 휴일에도 집 안 닐 을 하느라　휴일에도 ☐☐☐ 을 하느라

❹ 눈 냑 과 알 략　　　　　　　☐☐ 과 ☐☐

❺ 한 녀 름 밤의 꿈　　　　　　☐☐☐ 밤의 꿈

❻ 휘 발 류 값이 오른다.　　　　☐☐☐ 값이 오른다.

❼ 자전거로 전 철 력 까지　　　자전거로 ☐☐☐ 까지

❽ 올 려 름 에는 별 릴 이 없다.　☐☐☐ 에는 ☐☐ 이 없다.

19단계 받침이 두 개인 어려운 글자

'앉다'와 '삶다'의 공통점은 무엇일까요?
두 단어 모두 받침이 두 개인 겹받침을 사용했지요.
이때 앉다[안따]의 겹받침(ㄴㅈ)은 앞의 받침 'ㄴ'으로 발음이 되고
삶다[삼따]의 겹받침(ㄹㅁ)은 뒤의 받침인 'ㅁ'으로 발음이 됩니다.
겹받침은 어려워 보이지만 발음 규칙을 익히면 쉬워질 거예요.

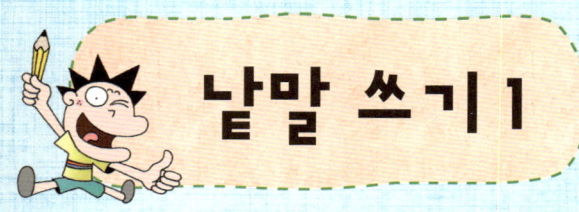

낱말 쓰기 1

 다음 낱말을 소리 내어 읽고 빈칸에 써 보세요.

 몫

 값

 품삯

 앉다

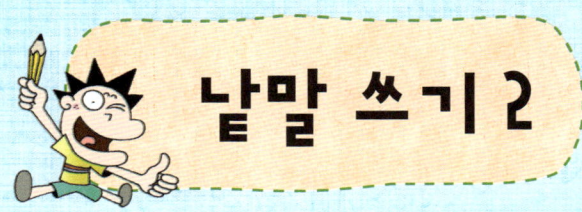

낱말 쓰기 2

 다음 낱말을 소리 내어 읽고 빈칸에 써 보세요.

엷	다
엷	다

앉	은	키
앉	은	키

얇	다
얇	다

짧	다
짧	다

# 낱말 쓰기 3

 다음 낱말을 소리 내어 읽고 빈칸에 써 보세요.

 여덟

 핥기

 힘없다

 가엾다

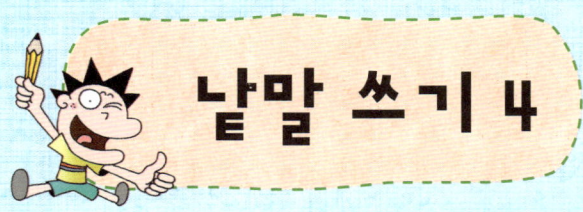

낱말 쓰기 4

 다음 낱말을 소리 내어 읽고 빈칸에 써 보세요.

닭
닭

흙
흙

늙	다
늙	다

밝	다
밝	다

낱말 쓰기 5

 다음 낱말을 소리 내어 읽고 빈칸에 써 보세요.

 삶다

 젊다

 굶다

 읊다

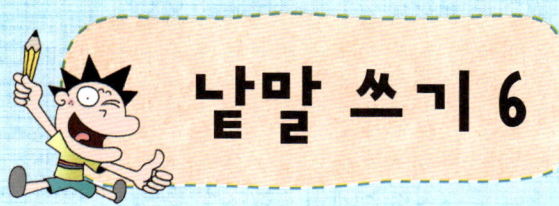

 다음 낱말을 소리 내어 읽고 빈칸에 써 보세요.

끓	다
끓	다

싫	다
싫	다

괜	찮	아
괜	찮	아

배	앓	이
배	앓	이

어구와 문장 쓰기 1

 다음 글을 소리 내어 읽고 빈칸에 써 보세요.

값		나	가	는		물	건
값		나	가	는		물	건

품	삯	이		후	하	다	.
품	삯	이		후	하	다	.

얇	고		짧	은		옷	차	림
얇	고		짧	은		옷	차	림

어구와 문장 쓰기 2

 다음 글을 소리 내어 읽고 빈칸에 써 보세요.

수	박		겉		핥	기
수	박		겉		핥	기

내		몫	이		없	다	.
내		몫	이		없	다	.

가	엾	은		아	이	들
가	엾	은		아	이	들

어구와 문장 쓰기 3

 다음 글을 소리 내어 읽고 빈칸에 써 보세요.

소		닭		보	듯
소		닭		보	듯

산	기	슭	에	서		풀	을		뜯	는
산	기	슭	에	서		풀	을		뜯	는

늙	은		호	박	을		삶	다	.
늙	은		호	박	을		삶	다	.

어구와 문장 쓰기 4

 다음 글을 소리 내어 읽고 빈칸에 써 보세요.

굶	기	를		밥		먹	듯
굶	기	를		밥		먹	듯

귀	찮	게		굴	지		마	.
귀	찮	게		굴	지		마	.

잡	티		없	이		맑	은		얼	굴
잡	티		없	이		맑	은		얼	굴

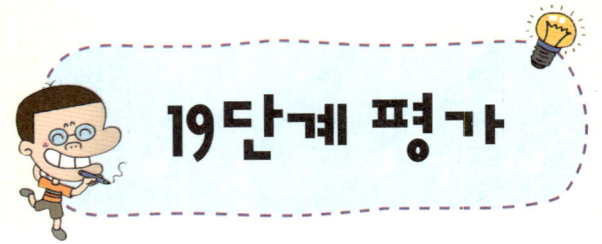

19단계 평가

1. 다음 그림에 알맞은 낱말을 선으로 이으세요.

   ❶   ❷   ❸

   ·   ·   ·

   ·   ·   ·
   ㉠   ㉡   ㉢
   닭   여덟   흙

2. 다음 그림에 알맞은 낱말에 ○표를 하시오.

❶ 옛날에는 일한 (품삭 / 품삯)으로 쌀을 받았답니다.

❷ 나무 아래 (가엾은 / 가엽은) 강아지 한 마리가 있습니다.

❸ 냄비에 라면이 (끓고 / 끌고) 있다.

3. 보기에서 알맞은 낱말을 찾아 빈칸에 쓰세요.

[보기] 닭 여덟 흙 몫 늙다 가엾다 앉은키 값

❶ ☐ 은 가루 형태로, 식물을 자라게 하는 양분과 수분을 포함합니다.

❷ 일곱에 하나를 더한 수는 ☐☐ 입니다.

❸ ☐ 잡아먹고 오리발 내밀기.

❹ 여럿으로 나누어진 각 부분을 ☐ 이라고 합니다.

❺ ☐☐☐ 는 딱하고 불쌍하다는 뜻입니다.

❻ 나이를 많이 먹는 것을 ☐☐ 라고 합니다.

❼ 모든 물건의 ☐ 이 오르기 시작했습니다.

❽ ☐☐☐ 는 의자에 앉았을 때 의자의 바닥에서 머리끝까지의 높이입니다.

4. 문제를 읽고 알맞은 낱말을 찾아 빈칸에 바르게 옮겨 쓰세요.

❶ '어둡다'의 반대말은 무엇인가요?
　① 발다　　　② 밝다

❷ '늙다'의 반대말은 무엇인가요?
　① 젊다　　　② 점다

❸ "수박 겉 ○○"에 알맞은 말은 무엇인가요?
　① 핥기　　　② 할기

❹ 물속에 넣고 끓이는 것은 무엇인가요?
　① 삼다　　　② 삶다

❺ '서다'의 반대말은 무엇인가요?
　① 안다　　　② 앉다

❻ 어떤 물건 위에 다른 물건을 올려놓는 것은 무엇인가요?
　① 얹다　　　② 언다

❼ 두께가 보통보다 작은 것은 무엇인가요?
　① 얍다　　　② 얇다

❽ 배를 앓는 병은 무엇인가요?
　① 배앓이　　　② 배알이

5. 왼쪽 ☐ 안의 틀린 글자를 찾아, 오른쪽 빈칸에 바르게 쓰세요.

틀린 글자 찾기　　　　　**바르게 고쳐 쓰기**

❶ 갑 나가는 물건　　　　☐ 나가는 물건

❷ 늘근 호박을 삼다.　　☐☐ 호박을 ☐☐.

❸ 내 목이 업다.　　　　내 ☐이 ☐☐.

❹ 귀찬게 굴지 마.　　　☐☐☐ 굴지 마.

❺ 잡티 업이 말근 얼굴　잡티 ☐☐ ☐☐ 얼굴

❻ 가엽슨 새 한 마리　　☐☐☐ 새 한 마리

❼ 복잡해서 길을 일기 쉽다.　복잡해서 길을 ☐☐ 쉽다.

❽ 창문을 열어도 괜찬을까요?　창문을 열어도 ☐☐☐까요?

75

20단계 예사말과 높임말

우리말에는 사람이나 사물을 높여서 이르는
높임말이 있어요. 어른들에게는 높임말을 쓰지요.
친구에게는 "밥 먹어.", 할머니께는 "진지 드세요."라고 하지요.
높임말을 쓰면 어른을 공경하는 마음을 표현할 수 있어요.

낱말 쓰기 1

 다음 낱말을 소리 내어 읽고 빈칸에 써 보세요.

 댁

 말씀

 병환

 성함

낱말 쓰기 2

 다음 낱말을 소리 내어 읽고 빈칸에 써 보세요.

따	님
따	님

생	신
생	신

진	지
진	지

연	세
연	세

낱말 쓰기 3

 다음 낱말을 소리 내어 읽고 빈칸에 써 보세요.

계	시	다
계	시	다

드	리	다
드	리	다

보	시	다
보	시	다

잡	수	시	다
잡	수	시	다

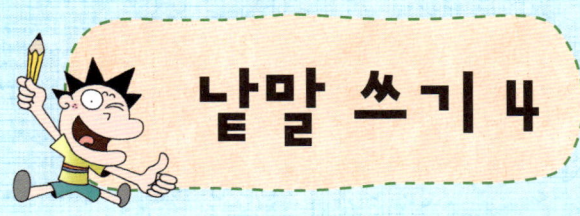

낱말 쓰기 4

 다음 낱말을 소리 내어 읽고 빈칸에 써 보세요.

 모시다

 여쭙다

 오시다

 주무시다

어구와 문장 쓰기 1

 다음 글을 소리 내어 읽고 빈칸에 써 보세요.

선	생	님		댁	에		갔	다	.
선	생	님		댁	에		갔	다	.

말	씀	을		듣	고
말	씀	을		듣	고

성	함	을		써		주	세	요	.
성	함	을		써		주	세	요	.

어구와 문장 쓰기 2

 다음 글을 소리 내어 읽고 빈칸에 써 보세요.

따	님	과		아	드	님
따	님	과		아	드	님

생	신		선	물	을		샀	다	.
생	신		선	물	을		샀	다	.

연	세	가		높	으	셔	서
연	세	가		높	으	셔	서

어구와 문장 쓰기 3

 다음 글을 소리 내어 읽고 빈칸에 써 보세요.

침	대	에		누	워		계	셨	다	.
침	대	에		누	워		계	셨	다	.

인	사	를		드	렸	다	.
인	사	를		드	렸	다	.

진	지	를		잡	수	세	요	.
진	지	를		잡	수	세	요	.

어구와 문장 쓰기 4

 다음 글을 소리 내어 읽고 빈칸에 써 보세요.

| 큰 | 아 | 버 | 지 | 께 | 서 | | 오 | 셨 | 다 | . |

| 할 | 머 | 니 | 를 | | 모 | 시 | 고 |

| 낮 | 잠 | 을 | | 주 | 무 | 십 | 니 | 다 | . |

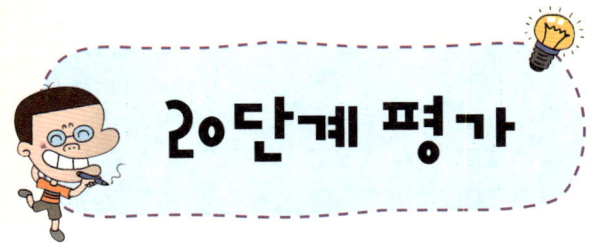

20단계 평가

1. 다음 그림에 알맞은 낱말을 선으로 이으세요.

①    ②    ③

㉠ 드리다   ㉡ 진지   ㉢ 생신

2. 다음 그림에 알맞은 낱말에 ○표를 하시오.

①  옆집 아저씨께서 (병환 / 병)에 걸리셨다.

②  선생님 (집 / 댁)에 초대를 받았어요.

③ 할머니가 방에서 (자고 / 주무시고) 계세요.

3. 보기에서 알맞은 낱말을 찾아 빈칸에 쓰세요.

[보기] 연세 따님 성함 생신 말씀 오시다 아드님 보시다

❶ 어른에게 이름을 물을 때는 ⬜⬜ 이라고 높여 말합니다.

❷ ⬜⬜ 은 생일을 높여 이르는 말입니다.

❸ 어른의 나이를 높여 말할 때는 ⬜⬜ 라고 합니다.

❹ ⬜⬜ 은 상대방의 딸을 높여 부르는 말입니다.

❺ '오다'의 높임말은 ⬜⬜⬜ 입니다.

❻ ⬜⬜ 은 상대방의 말을 높여 이르는 말입니다.

❼ '보다'의 높임말은 ⬜⬜⬜ 입니다.

❽ ⬜⬜⬜ 은 상대방의 아들을 높여 부르는 말입니다.

4. 문제를 읽고 알맞은 낱말을 찾아 빈칸에 바르게 옮겨 쓰세요.

❶ 남의 집을 높여 이르는 말은 무엇인가요?
　① 댁　　　② 댁네

❷ 병을 높여 이르는 말은 무엇인가요?
　① 간병　　　② 병환

❸ 끼니로 먹는 음식을 높여 이르는 말은 무엇인가요?
　① 진지　　　② 식사

❹ '주다'의 높임말은 무엇인가요?
　① 주리다　　　② 드리다

❺ '묻다'의 높임말은 무엇인가요?
　① 여쭙다　　　② 묻시다

❻ "할머니는 안방에 ○○○○." 에 알맞은 말은 무엇인가요?
　① 있습니다　　　② 계십니다

❼ '자다'의 높임말은 무엇인가요?
　① 주무시다　　　② 자시다

❽ '먹다'의 높임말은 무엇인가요?
　① 먹시다　　　② 잡수시다

5. 왼쪽 ☐ 안의 틀린 글자를 찾아, 오른쪽 빈칸에 바르게 쓰세요.

| 틀린 글자 찾기 | 바르게 고쳐 쓰기 |

❶ 선생님 집 에 갔다.　　　선생님 ☐ 에 갔다.

❷ 의사 선생님이 말 하시길　　의사 선생님이 ☐☐ 하시길

❸ 할머니 생 일 선물로　　할머니 ☐☐ 선물로

❹ 할아버지 진지 먹 으 세 요.　　할아버지 진지 ☐☐☐☐.

❺ 올해 나 이 가 몇이십니까?　　올해 ☐☐ 가 몇이십니까?

❻ 선생님이 지금 안 있 습 니 다.　　선생님이 지금 안 ☐☐☐☐.

❼ 아 들 님 이 의젓하네요.　　☐☐☐ 이 의젓하네요.

❽ 할아버지께서 자 십 니 다.　　할아버지께서 ☐☐☐☐.

국어 교과서 따라잡기

2학년 2학기 국어 교과서에서 각 단원별로 중요한 어구와 문장을
10개씩 골라 받아쓰기 문제지를 만들었습니다.
101~103쪽에 수록된 받아쓰기 문제를 아이가 잘 받아쓸 수 있도록
한 번은 천천히, 그 다음은 정상 속도로 불러주세요.

1. 생각을 나타내어요

점수   점/100점

불러주는 말을 잘 듣고, 띄어쓰기에 유의하여 받아쓰세요.

❶
❷
❸
❹
❺
❻
❼
❽
❾
❿

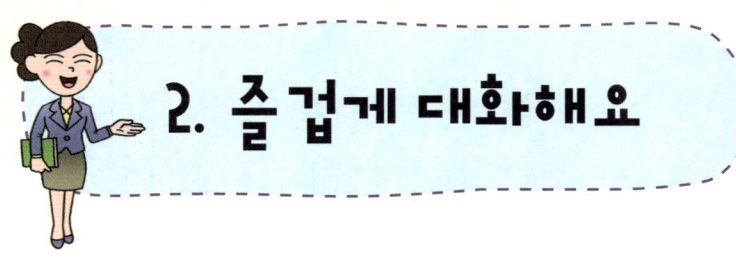

2. 즐겁게 대화해요

점수   점/100점

불러주는 말을 잘 듣고, 띄어쓰기에 유의하여 받아쓰세요.

❶
❷
❸
❹
❺
❻
❼
❽
❾
❿

3. 마음을 담아서

점수   점/100점

불러주는 말을 잘 듣고, 띄어쓰기에 유의하여 받아쓰세요.

❶
❷
❸
❹
❺
❻
❼
❽
❾
❿

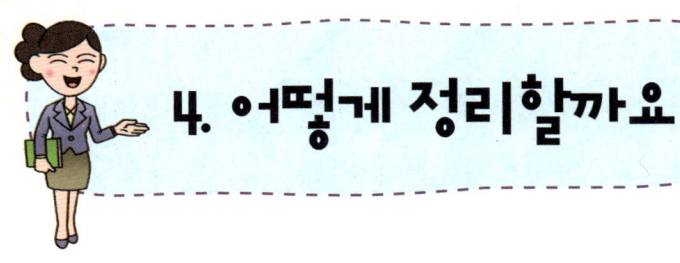

4. 어떻게 정리할까요?

점수   점/100점

불러주는 말을 잘 듣고, 띄어쓰기에 유의하여 받아쓰세요.

❶
❷
❸
❹
❺
❻
❼
❽
❾
❿

5. 이야기를 꾸며요

점수   점/100점

불러주는 말을 잘 듣고, 띄어쓰기에 유의하여 받아쓰세요.

①
②
③
④
⑤
⑥
⑦
⑧
⑨
⑩

6. 알고 싶어요

점수   점/100점

불러주는 말을 잘 듣고, 띄어쓰기에 유의하여 받아쓰세요.

❶
❷
❸
❹
❺
❻
❼
❽
❾
❿

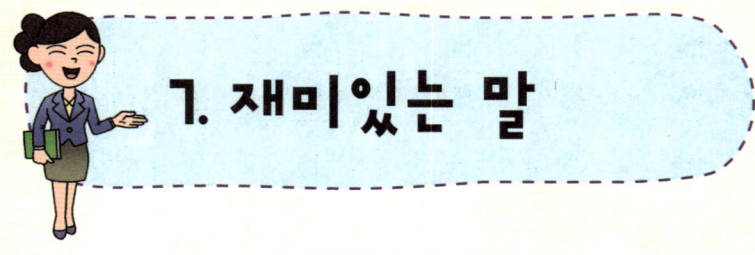

7. 재미있는 말

점수   점/100점

불러주는 말을 잘 듣고, 띄어쓰기에 유의하여 받아쓰세요.

❶
❷
❸
❹
❺
❻
❼
❽
❾
❿

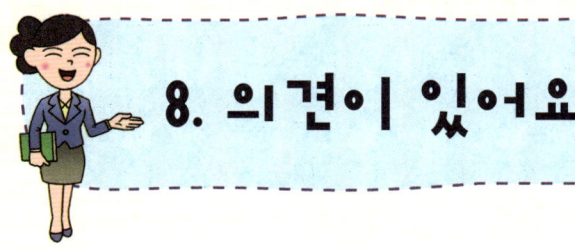

8. 의견이 있어요

점수   점/100점

불러주는 말을 잘 듣고, 띄어쓰기에 유의하여 받아쓰세요.

❶
❷
❸
❹
❺
❻
❼
❽
❾
❿

9. 인형극 공연은 재미있어요

점수   점/100점

불러주는 말을 잘 듣고, 띄어쓰기에 유의하여 받아쓰세요.

❶
❷
❸
❹
❺
❻
❼
❽
❾
❿

2학년 2학기 받아쓰기 문제

아이가 잘 받아쓸 수 있도록 한 번은 천천히, 그 다음은 정상 속도로 문제를 불러주세요.
채점을 할 때는 띄어쓰기와 마침표 위치도 꼭 확인하세요.
점선을 따라 잘라두면 문제를 불러줄 때, 채점할 때 편리하게 이용할 수 있습니다.

92쪽
1. 동생의 속셈을 압니다.
2. 글자 공부는 내 몫입니다.
3. 다 먹고 꼭 양치질해야 해.
4. 글자가 주렁주렁 열렸네.
5. 척척 잘도 가져왔습니다.
6. 살금살금 층계를 내려갔습니다.
7. 아이 셋이 옹기종기 모여
8. 순식간에 도망치고 말았습니다.
9. 경중댄다고 쫓겨났어.
10. 층계참까지 단숨에 쿵!

93쪽
1. 몇 번을 말했니?
2. 네 방 정리는 스스로 해야지.
3. 앞으로 그렇게 할게요.
4. 술래잡기하지 않을래?
5. 로봇에 대한 책을 읽었어.
6. 너무 무서워서 소름이 돋았어.
7. 가리지 않고 잘 먹는구나.
8. 잘 도와주어서 믿음직스러워.
9. 사뿐사뿐 걸어 다니면 좋겠어.
10. 아무 데나 버렸나 보구나.

94쪽
1. 잎사귀에 누워 노래를 부르며
2. 굶어 죽을지도 몰라.
3. 욕심 많은 양반이 있었습니다.
4. 꿩을 쫓아다니느라
5. 쫄깃쫄깃 맛이 있을까?
6. 할 말이 없어 입맛만
7. 콧잔등에 땀이 송골송골
8. 태어난 지 육 개월쯤 되면
9. 스물여덟 개의 새 이가
10. 평소에 이를 깨끗이 닦는

95쪽
1. 오솔길이 끝나는 곳에
2. 흙을 밟고 걸으실 수
3. 햇빛을 받으며 푸릇푸릇하게
4. 설날에 새로 차려입은 옷
5. 깨끗하고 예쁜 설빔을 입고
6. 알록달록 꽃수 놓은
7. 아랫도리로는 바지를 입고
8. 숨을 쉴 수 없기 때문에
9. 숨구멍이 왼쪽으로 치우쳐
10. 재미있는 토박이말이 많네요.

96쪽
1. 병을 낫게 할 좋은 약을
2. 바위 위에 주저앉았습니다.
3. 어머니께서 많이 편찮으신데
4. 어린 싹이 돋아나더니
5. 머릿속은 새하얘졌다.
6. 시험지를 뚫을 듯 눈빛이
7. 콧구멍을 들락거리는 바람에
8. 두 눈을 동그랗게 뜨고
9. 귀찮게 졸졸 따라다니면서
10. 자꾸 눈독을 들이지 뭐야.

97쪽
1. 소개하는 글을 쓴 까닭은
2. 새로 사귄 친구
3. 마음씨가 참 착합니다.
4. 저를 많이 도와주었습니다.
5. 알고 싶었던 내용을 자세히
6. 동물 탈을 만들었다.
7. 벽에 큰 종이를 걸어놓고
8. 내 옷에 물감을 묻혔다.
9. 게시판에 붙이니 멋있었다.
10. 모든 친구들과 힘을 합쳐

98쪽
1. 맨드라미 지고 귀뚜라미 우네
2. 사자 한 마리 울부짖고 있다.
3. 살금살금 양말을 벗겨 드렸다.
4. 마룻장이 낡아서
5. 가슴이 철렁 내려앉지.
6. 꼼짝없이 들키겠거든.
7. 등에 식은땀이 줄줄 흘러.
8. 바가지를 뒤집어썼어.
9. 내 뒤를 쫓아다니며
10. 붓이 닿을 때마다

99쪽
1. 바람에 흩날리며 떨어지는
2. 구경 가고 싶어졌거든요.
3. 팻말은 꺾여 있어서
4. 잔디를 밟고 있었습니다.
5. 물을 먹으러 식수대에 갔더니
6. 제대로 이용하기 힘들었습니다.
7. 실내에서 뛰지 않기
8. 부딪칠 뻔한 적이 있습니다.
9. 동생들에게 그릇된 습관을
10. 뛰지 말고 천천히 걸어

1. 맛난ˇ팥죽을ˇ팔팔팔   100쪽
2. 떡ˇ하나ˇ주면ˇ안ˇ잡아먹지.
3. 둘둘ˇ말린ˇ멍석의ˇ모습
4. 볏단을ˇ잘ˇ쌓으면ˇ되죠?
5. 밤이ˇ꽤ˇ깊었는걸.
6. 서당에ˇ가기ˇ싫은ˇ돌쇠
7. 정말ˇ게으름뱅이이지요?
8. 뒤뜰로ˇ산책을ˇ나갔다가
9. 병아리들과ˇ낟알을ˇ심었습니다.
10. 후회할ˇ날이ˇ올ˇ텐데.

16~20단계 평가 정답

16단계 사이시옷을 붙이는 글자 1
1. (1)-ㄴ (2)-ㄷ (3)-ㄱ 2. (1) 뒷산 (2) 외갓집 (3) 나뭇가지 3. (1) 깃발 (2) 바닷가 (3) 찻잔 (4) 뒷주머니 (5) 기찻길 (6) 뱃길 (7) 외갓집 (8) 촛불 4. (1) ① (2) ② (3) ① (4) ① (5) ② (6) ① (7) ① (8) ② 5. (1) 깃발 (2) 바닷가 (3) 콧등 (4) 장밋빛 (5) 나뭇가지 (6) 촛불 (7) 찻잔 (8) 전봇대

17단계 사이시옷을 붙이는 글자 2
1. (1)-ㄷ (2)-ㄱ (3)-ㄴ 2. (1) 아랫니 (2) 뒷머리 (3) 베갯잇 3. (1) 빗물 (2) 숫양 (3) 뒷머리 (4) 배춧잎 (5) 콧노래 (6) 뱃일 (7) 나뭇잎 (8) 옛일 4. (1) ② (2) ① (3) ① (4) ② (5) ② (6) ① (7) ① (8) ② 5. (1) 콧날 (2) 콧노래 (3) 옛날 (4) 세숫물 (5) 배춧잎 (6) 윗입술 (7) 아랫입술 (8) 뒷마당, 혼잣말

18단계 자음이 첨가되는 글자
1. (1)-ㄱ (2)-ㄷ (3)-ㄴ 2. (1) 색연필 (2) 식용유 (3) 알약 3. (1) 내복약 (2) 콩엿 (3) 올여름 (4) 꽃잎 (5) 돌이끼 (6) 알약 (7) 담요 (8) 휘발유 4. (1) ① (2) ① (3) ② (4) ② (5) ① (6) ② (7) ② (8) ① 5. (1) 한잎 (2) 식용유 (3) 집안일 (4) 눈약, 알약 (5) 한여름 (6) 휘발유 (7) 전철역 (8) 올여름, 별일

19단계 받침이 두 개인 어려운 글자
1. (1)-ㄱ (2)-ㄷ (3)-ㄴ 2. (1) 품삯 (2) 가엾은 (3) 끊고 3. (1) 흙 (2) 여덟 (3) 닭 (4) 몫 (5) 가엾다 (6) 늙다 (7) 값 (8) 앉은키 4. (1) ② (2) ① (3) ① (4) ② (5) ② (6) ① (7) ② (8) ① 5. (1) 값 (2) 늙은, 삶다 (3) 몫, 없다 (4) 귀찮게 (5) 없이, 맑은 (6) 가엾은 (7) 잃기 (8) 괜찮을

20단계 예사말과 높임말
1. (1)-ㄷ (2)-ㄴ (3)-ㄱ 2. (1) 병환 (2) 댁 (3) 주무시고 3. (1) 성함 (2) 생신 (3) 연세 (4) 따님 (5) 오시다 (6) 말씀 (7) 보시다 (8) 아드님 4. (1) ① (2) ② (3) ① (4) ② (5) ① (6) ② (7) ① (8) ② 5. (1) 댁 (2) 말씀 (3) 생신 (4) 잡수세요 (5) 연세 (6) 계십니다 (7) 아드님 (8) 주무십니다

틀린 글자나 문장을 연습해요.

틀린 글자나 문장을 연습해요.

퍼플카우콘텐츠팀 | 재미있고 유익한 어린이 책을 기획하고 만드는 사람들입니다. 기획자, 전문작가, 편집자 등으로 구성되어 퍼플카우의 '베껴 쓰는 워크북 시리즈'를 비롯한 아동 교양 실용서를 만들고 있습니다.

이우일 | 어린 시절, 구석진 다락방에서 삼촌과 고모의 외국 잡지를 탐독하며 조용히 만화가의 꿈을 키워 오다 홍익대학교 시각디자인학과에 들어가 그 꿈을 맘껏 펼치기 시작합니다. 신선한 아이디어로 '도날드 닭', '노빈손' 등 재미있는 그림을 그려 사람들을 즐겁게 해주고 있습니다. 지은 책으로는 《우일우화》, 《옥수수빵파랑》, 《좋은 여행》, 《고양이 카프카의 고백》 등이 있습니다. 그림책 작가인 아내 선현경, 딸 은서, 고양이 카프카, 비비와 함께 그림을 그리고 글을 쓰며 살고 있습니다.

베껴라 베껴! 받아쓰기왕 4

초판 1쇄 발행 | 2014년 4월 1일

지은이 | 퍼플카우콘텐츠팀
그린이 | 이우일
펴낸곳 | 퍼플카우
펴낸이 | 김일희 · 김철원

기획 · 편집 | 김일희
마케팅 | 김철원
디자인 | 박영정

출판신고 | 2008년 03월 04일 제2008-000021호
주소 | 서울특별시 마포구 월드컵북로 6길 53 칼라빌딩 402호 (우)121-869
대표전화 · 팩시밀리 | 070-8668-8800 (F)070-7500-0555
이메일 | purplecowow@gmail.com
커뮤니티 | cafe.naver.com/purplecowow
SNS 트위터 | purplecowow
페이스북 | facebook.com/purplecowow

ISBN 978-89-97838-33-2 (64710)
ISBN 978-89-97838-27-1 (세트)
이 책의 판권은 저자와 (주)퍼플카우콘텐츠그룹에 있습니다.
저작권법에 의해 보호 받는 저작물이므로 무단전재와 복제를 금합니다.
책값은 뒤표지에 있습니다. 잘못된 책은 구입한 곳에서 바꾸어 드립니다.

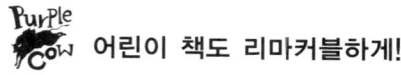